甩掉青春期
成长烦恼

毛　晓 ⊙ 著

金盾出版社

内 容 提 要

这是一本写给中学生的青春励志书。每一位中学生的成长都不会一帆风顺。在一天天长大的过程中会遇到挫折，会摔跟斗，会碰钉子。男孩女孩都会有感到忧伤、孤独、苦闷、烦恼的时候。本书内容包括：换个角度寻找自信、宽容自己、丑小鸭的梦、才华不能横溢的时候、偶尔停下来，等等。作者用诗一样的语言和男孩女孩说悄悄话，鼓励他们甩掉烦恼，增强自信心和克服困难的勇气，在成长的路上，使自己的内心更强大。

图书在版编目(CIP)数据

甩掉青春期成长烦恼/毛晓著. — 北京 ：金盾出版社，2014. 1
ISBN 978-7-5082-8884-0

Ⅰ. ①甩… Ⅱ. ①毛… Ⅲ. ①青春期—健康教育 Ⅳ. ①G479

中国版本图书馆 CIP 数据核字(2013)第 239455 号

金盾出版社出版、总发行
北京太平路 5 号(地铁万寿路站往南)
邮政编码：100036 电话：68214039 83219215
传真：68276683 网址：www. jdcbs. cn
封面印刷：北京印刷一厂
正文印刷：双峰印刷装订有限公司
装订：双峰印刷装订有限公司
各地新华书店经销
开本：787×1092 1/16 印张：8. 75 字数：130 千字
2014 年 1 月第 1 版第 1 次印刷
印数：1～6 000 册 定价：23. 00 元

目 录

第四部分 心灵健身操

第五部分 心灵运动场

编者的悄悄话

这是一本心灵魔法师专门写给男孩女孩的书。

心灵魔法师知道每个男孩女孩心里的小秘密、小欢喜和小忧郁，她给你们每个人都开了心灵药方，还会带你们到心灵运动场健身。

翻开这本书，你会惊讶地发现，原来心灵也要减肥，好奇心也要军训。天空是否晴朗，要看你自己的心灵是否没有忧伤。

Part 1
第一部分

心灵自习课

我是郝老师，
现在是自习时间，
静下心来，
想想自己的心灵
有什么疑问？

忠诚

我们希望朋友对自己是忠诚的，宠物对自己是忠诚的，甚至只有一面之缘的陌生人对自己也是忠诚的。

可你有没有想过，自己是不是对朋友一直保持着关心，对宠物永远悉心呵护，对只有一面之缘的陌生人也热情相待？

事实上，我们中的大多数人都做不到这样，那我们还有什么权力要求别人的忠诚呢？

我们希望朋友对自己是忠诚的，宠物对自己是忠诚的，甚至只有一面之缘的陌生人对自己也是忠诚的。

换个角度寻找自信

每一个人的性格都是由不同的元素组成的，有乐观，有沉稳，有豪情万丈，有默默无语……但有一种元素是每一个人都应该具备的，那就是自信。

就算你曾遭遇过巨大的挫折，就算你在同样的地方跌倒过无数次，就算你认为周围的人都比你优秀，换一个角度，你也能找到自信。

可能你的学习或工作不如别人，但你也许有很好的口才；可能你的思维不算敏捷，但你也许习惯深思熟虑；可能你不是才华横溢，但你也许比所有的人都勤奋。

就算你曾遭遇过巨大的挫折，就算你在同样的地方跌倒过无数次，就算你认为周围的人都比你优秀，换一个角度，你也能找到自信。

以前你可能经常用自己的缺点来比较别人的优点，现在你不妨试着用自己的优点来比较别人的缺点，还怕找不到自信吗？

一个普通小贩的启示

我们到地摊买水果常常会遇到这样的事情：在你挑完苹果，小贩称完重复，你心满意足地回家后，却发现小贩在你不经意间偷偷放上了个烂苹果，让你很不快。

卖东西的小贩为什么总喜欢以次充好？这大概就是他们之所以只能当小贩而不能成为企业家的原因。

想想我们自己，是不是偶尔也会偷工减料、投机取巧呢？该做完的事总是要留一个尾巴，该复习的功课总是差一两个章节，这大概就是我们总是普通而不能变得优秀的原因。

卖东西的小贩为什么总喜欢以次充好？这大概就是他们之所以只能当小贩而不能成为企业家的原因。

幸福的新房子

这个城市里的新房子越来越多了，但不是每一家客厅的灯都能在黑暗中亮起，不是每一家都能传出欢乐的笑声，也不是每一家都能被搬进新居的喜悦所包围。

有新房子的家是富裕的，但未必是幸福的。你的家可以没有新房子，但一定要拥有幸福。

宽容自己

有时候，你是不是对自己太苛刻了呢？希望自己十全十美，希望自己永远得第一，希望掌声和鲜花陪伴，希望周围所有的人都认可自己。

时间长了，事情多了，你不觉得很累吗？

偶尔宽容一下自己，一些无关大局的东西可以不必去争取，就像花儿不一定是盛开的才漂亮，第二名的你也一样是优秀的。

更何况，不会宽容自己的人，又怎么能宽容别人呢？

不会宽容自己的人又怎么能宽容别人呢？

不信任

买东西的时候，你要亲自看一眼秤才会放心，因为你不相信卖东西的人；在饭馆吃饭的时候，你要亲自检查鱼是不是活的，因为你不相信饭馆的老板；在街上走路的时候，你要保护好自己的包，因为你不相信周围的每一个人。

而你真的不想这样辛苦地生活，你还要把心思和精力放在更重要的事上。相信别人，你怕受到伤害，但你有没有想过，对所有人的不信任，有时也是对诚实者的伤害。

对所有人的不信任，有时也是对诚实者的伤害。

网罗你的心

每一座现代化的城市里都有繁忙的交通网，它们四通八达，连接着城市的各个角落。

人和人之间有只可意会不可言传的关系网，它们连通每个人的利益，谁都觉得自己离不开它。

在我们的心里，也应该有一个运行通畅的心灵之网，让它连通你我的内心，直到最伤感的那个角落。

我们的心里也应该有一个运行通畅的心灵之网，让它连通你我的内心，直到最伤感的那个角落。

快餐时代

你是不是经常几分钟吃完一顿饭，然后用半天的时间消化？你是不是经常囫囵吞枣般地读完一本书，然后发现只记住了题目，忘却了内容？你是不是经常急匆匆地赶路，然后发现目的地永远都是同一个？

在这个快餐时代里，不仅是你，几乎每一个人都是这样的。我们会不由自主地加快吃饭的速度，不由自主地一目十行，不由自主地脚步匆匆，我们也会不由自主地忘记思考。然而，在快餐时代，每天都应该给你的心灵以安静思索的时间。

守时，是一种美德，是对他人的诚信，是对他人的尊重。

永远的迟到者

有那么一种人，无论他去哪里、做什么都会迟到。他还会有各种各样的理由，比如堵车啦，出门之前接到一个电话啦，半路碰到百年不遇的熟人啦，等等。仿佛他一出门，全世界的人都在和他作对一样。

很不巧，你就是那样的一个人。

你也知道自己是那样的一个人，你看到自己耽误了别人的时间也同样怀有深深的歉意。但你依旧会在起床前赖在被窝里几分钟，吃早餐的时候你依旧忍不住打开电视机，就算知道要迟到，你出门前依旧不忘照照镜子。

所以，你永远是个迟到者，你心里的时钟永远比别人慢几分钟。你永远是个欠债者，你欠别人的时间，而且终生无法偿还。

请记住：守时，是一种美德，是对他人的诚信，是对他人的尊重。

在你的内心感到寂寞的时候，还是提起笔，用洁白的信笺给朋友写封信吧。

E时代的信

生活在E时代的你，想必已经很少再提起笔，用洁白的信笺给别人写信了吧？

可能在两分钟内，你要说的话就通过电子邮箱传到朋友那里，同样再过两分钟，你就能收到朋友的回音。在这个过程里，你没有了等待的焦急，同样也失去了等待的浪漫。你不必往返于邮局，但你也不可能见到朋友娟秀的笔迹。你可以感受到E时代的快捷和便利，但你感受不到电脑字体后蕴藏的情感。

在你的内心感到寂寞的时候，还是提起笔，用洁白的信笺给朋友写封信吧。想必在E时代里，这样一封信更加弥足珍贵，想必你的朋友也在远方等待着这样一封美丽的来信。

感恩的心

受伤的小鸟在得到你的照顾后，它用清脆的叫声表示感恩。饥饿的猫咪在得到食物后，它的温顺就是感恩。

我们在得到别人的帮助之后，是否也怀有一颗感恩的心呢？

对爸爸妈妈的养育之恩，对老师的培育之恩，对在关键时刻指点迷津的人的扶助之恩，对在你心灰意冷、万般无助时伸出援手送给你春天般温暖的人的雪中送炭之恩，你记得感恩了吗？

我们在得到别人的帮助之后，是否也怀有一颗感恩的心呢？

只要你做着一只丑小鸭的梦，你就能变成自己所期待的美丽天鹅。

丑小鸭的梦

还记得丑小鸭变成天鹅的故事吗？那个被别人讥讽，被别人瞧不起的丑小鸭，最终变成了美丽的天鹅。

你也想成为天鹅，可你却感叹自己不是一只丑小鸭。可这又有什么关系呢？只要你认定自己是只丑小鸭，只要你做着一只丑小鸭的梦，你就能变成自己所期待的美丽天鹅。

有梦想，才有希望，才有灿烂的明天。

才华不能横溢的时候

你一直很自信，甚至可以说是有些自负。相信自己的才华超越任何一个同龄人。

可你总会有才华不能横溢的时候，就像小溪里的水偶尔也会断流。

那就学学小溪吧，在喜降甘霖的时候小溪会汲取天上的雨水。对于聪明的你来说，有经验者的点拨、一本优秀的参考书，都可以是喜降甘霖。

还犹豫什么？赶紧吸取这些营养啊，很快，我们就又能看到才华横溢的你了。

心灵晴雨表

最近，天气总是时好时坏，就像你的心情时好时坏。天气好的时候，人们出去晒晒被子，天气不好的时候，人们在家里收拾屋子。

你的心情愉快的时候，你和好友谈谈心，就像人们在温暖的阳光下晒被子。

你的心情低落的时候，整理一下最近的思想，就像人们在梅雨季节收拾屋子。

无可奈何时

花儿落了，是无可奈何的事。冬天来了，是无可奈何的事。同学各奔东西了，也是无可奈何的事。

你不可能把花朵摆在花枝上，让它永远绽放在枝头。你不可能不让季节行走，让它永远停留在春天。你更不可能和要好的同学一直留在校园里，让时间永远不前进。

许多时候，你只能面对，只能接受，面对你不愿看见的，接受你不想接受的。尽管你是这样不情愿，但能面对并接受你面前的一切，说明你在长大。

你不可能不让季节行走，让它永远停留在春天。
许多时候，你只能面对，只能接受。
能面对并接受你面前的一切，说明你在长大。

贝壳制造

海浪会在退潮时留下几枚贝壳，作为对赶海人的馈赠。生活会在平淡时留下一些美好记忆，作为对耐心的人的馈赠。

海洋枯竭的时候，赶海人不会制造贝壳给自己以惊喜；生活失去光彩的时候，耐心的人却会制造记忆的贝壳，让自己和周围的人惊喜。

双眼皮的梦

男孩子想成为旅行家，而女孩子想拥有双眼皮。可我在贴上美目贴的时候，发现变成双眼皮的我和以前并没有什么区别。双眼皮的梦想实现了，可改变自己的梦想并没有实现。

美目贴只能改变我的眼睛，并不能增加眼睛里智慧的光芒。看来，内涵比外表更重要。

美目贴只能改变我的眼睛，并不能增加眼睛里智慧的光芒。看来，内涵比外表更重要。

偶尔停下来

匆忙的路人偶尔停下来，看看橱窗里映出的自己的脸，会发现从没意识到的新的自己；街头的小贩偶尔停下，会听见除了自己的吆喝声，这世界还有美妙的音乐；总是盯着下级的老板偶尔停下来，会看见员工们也有可爱的笑容。

我们的思想偶尔停下来，会知道生活之外还有更新的生活，世界之外还有更大的世界。

无论你现在忙着做什么，偶尔停下来，你会了解，原来一切不如意的都可以打碎重来，一切令你厌倦的都可以重新开始。

偶尔停下来，你会了解，原来一切不如意的都可以打碎重来，一切令你厌倦的都可以重新开始。

火柴

有没有注意到，火柴离我们的生活越来越远了。抽烟的人使用打火机，做饭的人用炉灶上的自动打火设备。

而在火柴作为舶来品出现并点亮千家万户的时候，没有谁会想到，有朝一日这个神奇的小东西也会退出人们的生活。就像现在正准备进入人生舞台的我们一样，也会在某一天告别这个世界。

但我们是否能像火柴一样，在短暂的一瞬间照亮自己，照亮周围的人，照亮人类的一个时代？

我们是否能像火柴一样，在短暂的一瞬间照亮自己，照亮周围的人，照亮人类的一个时代？

大城市里的友谊

大城市像潘朵拉的盒子，它是奇妙的、魔幻的。曾经认识的无数好友，撒在这城市的各个角落，怎么一眨眼就不见了呢？

所以大城市里的友谊来得遥远、脆弱又弥足珍贵，它靠一根电话线、一封 e-mail 或是一条短信维系着，大城市里的人往往只记得对方的声音，模糊了对方的脸。

看来，大有大的问题，小有小的好处。在大城市的脚步匆匆中，别忘了抽时间和老朋友聚一聚。

e-mail

大城市里的友谊来得遥远、脆弱又弥足珍贵，别忘了抽时间和老朋友聚一聚。

日记本上的锁

很多女孩子都有自己的一点小小隐私，有隐私的女孩子都有个小小日记本，隐私多的女孩日记本上都有个小小锁。

给日记本上锁的女孩肯定不会给自己的心上锁，给自己的心上锁的女孩不需要日记本。

在没有大人的夜晚，在灯下，打开日记本，写下了给自己的悄悄话。

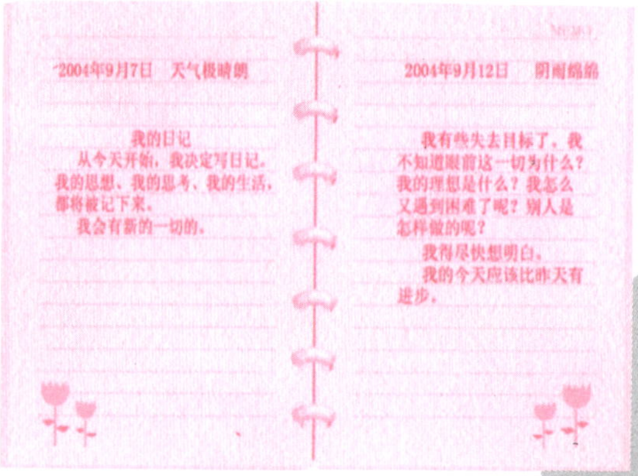

给日记本上锁的女孩肯定不会给自己的心上锁。

大树

昨天的雷雨过后，门口的一棵大树轰然倒下了。很快，树上的无数片叶子都枯萎了。我们是不是也像叶子一样，一旦自己依靠的大树倒下，自己也就随着枯萎了？

由此想到，从现在开始，培养独立的人格是何等重要啊！

叶子的春天是属于大树的，而我们的春天是属于自己的。

森林里的小动物

森林里的每一种小动物都有别的动物不能比的优势，哪怕最弱小的动物。比如兔子跑得快，松鼠很灵敏，猴子能攀缘。

我们也一样，即使不想当狮子王，也要有一点点超过其他人的长处，也要有立身之本。

偶像

女孩子总把自己时代里最风光的人物当作自己的偶像。从遥远的上个世纪 50 年代开始，解放军、工人、科学家、港台明星、日韩明星，IT 精英都曾经进入过不同时代少女的梦。

可女孩子为什么总把实现梦想的希望寄托在偶像身上，而不是自己身上呢？

女孩子为什么总把实现梦想的希望寄托在偶像身上，而不是自己身上呢？

霉菌

最近天气常是阴雨的，据说这种天会滋生出很多霉菌。

如果心也常是阴雨的，那会滋生出许多忧郁，忧郁就是心灵的霉菌。

甩掉烦恼，甩掉忧郁，让心灵快乐起来吧！

冥想

有的时候，你需要冥想。闭上眼睛，想像你从未见过的海市蜃楼，想像古老传说中的梁山伯与祝英台，想像在异国他乡，想像山野探险。

在这喧闹的城市里，你不能轻易地见到山泉，但冥想就是山泉；你不能随处找到一片绿荫，但冥想就是绿荫；你不能举头即看见一片星光，但冥想就是星光；你不能俯首就得到一方净土，但冥想就是净土。

有的时候，你需要冥想。冥想是山泉，是绿荫，是星光，是净土。

成为一片云

看一看天上白云的样子吧，恬淡、悠闲、雍容、变化多端。

陷于纷争的时候，你不妨成为一朵超然物外的云；疲惫不堪的时候，你不妨成为一朵悠然自得的云；找不到方向的时候，你不妨成为一朵飘飘欲仙的云；孤独无助的时候，你不妨成为一朵我行我素的云。

向猫咪学习

为什么人要向猫咪学习？你不知道吧，猫咪身上是有很多优点的。

它能迅速感受对方的善意，并且做出友好的表示。它反应异常灵敏，能对危险做出快速而准确的判断。它不害怕独处，常常喜欢自己思考。它有自己的原则，从不讨好和阿谀别人。

难道这些不是我们应该向猫咪学习的吗？

认真想一想：

在复杂的社会环境中，我们是不是常常因为太过戒备而辜负了对方的好意？

在危机到来的时候，我们是不是常常惊慌失措而自乱阵脚？

在孤独寂寞的处境里，我们不是也曾忧心忡忡暗自垂泪？

一旦身陷绝地，我们是不是只顾着明哲保身而忘记了自己处世立身的原则？

猫咪身上是有很多优点的：它能迅速接受对方的善意，能对危险做出快速而准确的判断。它不害怕独处，从不讨好和阿谀别人。

Part 2 第二部分

心灵魔法师

我是严老师，
我要让你们的心灵
跟着我的魔法，
变、变、变！

减压，再减压

没有谁会扛着笨重的行李去攀登珠穆朗玛峰，也没有谁会穿着厚厚的棉衣横渡长江。在你进行艰苦的努力之前，首先要做的是给自己减压。

说到减压，并不意味着放任自流和无所事事，而是更明确自己的目标，轻装前进。有时候，目标太多就是压力。有时候，标准太高也是压力。

所以，在攀登珠穆朗玛峰之前，要把不需要的东西扔掉。在横渡长江之前，要把棉衣脱掉。在接受挑战之前，要把心里的压力减掉。

有时候，目标太多就是压力。有时候，标准太高也是压力。

在接受挑战之前，要把心里的压力减掉。

> 你不能使整个大海变得纯净，但你可以使自己变得纯净。你没有力量改变整个世界，但你可以改变自己的生活。

干净的世界

不记得从什么时候开始，年轻的你开始询问这个世界：为什么会有战争？为什么会出现环境污染？为什么会有黄、赌、毒？为什么人和人之间没有沟通？为什么这么多人得艾滋病？为什么有的人拥有豪宅而有的人却露宿街头？为什么？为什么？

你曾经试图要解决这些为什么，结果却发现了自己的力量有多么微弱。但是，你要知道你就像大海中的一滴水，虽然不能使整个大海变得纯净，你却可以使自己变得纯净。你没有力量改变整个世界，但可以改变你自己。

如果每一滴水都纯净，那么大海也是纯净的。如果每一个人都净化自己的思想，那么这个世界也是干净的。

肯定不起眼的你

就算父母一提起你就摇头叹气，就算邻居经常在你背后指指点点，就算你没有什么好朋友，你也应该时常肯定自己。

你从小就不知道什么叫好成绩，但你也许能很快地组装一台电脑。没有谁会向你请教问题，但他们的自行车坏了总要找你帮忙。你觉得周围的人离开你都能过得很好，但你的宠物猫却认为你是世界上最善良的主人。

每个人都有值得肯定的地方，即便是不起眼的你。

让好奇心军训

你不是总想去见识沙漠戈壁的荒凉吗？然而真的被扔到沙漠上，被漫漫黄沙吓倒的不是你吗？

你不是总想到海上冲浪吗？然而真的到了风起浪涌的海上，在大风大浪里叫喊的不还是你吗？

你应该让自己的好奇心进行军事训练了，让它在现实中摸爬滚打。当好奇心被坚强的外壳武装起来的时候，你的军事训练课才算毕业，你才真的能到沙漠看落日，到海上起风帆，才真的能体会到你想像中的豪情满怀、意气风发。

和许久不见的朋友打个招呼吧，告诉他们，你从来没有忘记过他们中的任何一个人。我想，他们也从未忘记过你的友情、名字和笑脸。

和许久不见的朋友打个招呼

你是不是经常到网上的校友录看看昔日同学的消息，但从不在上面留下自己的名字和任何语言？因为你怕他们早已忘了你的友情。

你是不是经常看看电话薄上熟悉又陌生的姓名发呆，几次拿起电话又几次放下？因为你怕他们早已忘了你的名字。

你是不是经常回忆起和老朋友共度的美丽时光，想和他们一起重温却又害怕见面时的疏远？因为你怕他们早已忘了你的笑脸。

和许久不见的朋友打个招呼吧，告诉他们，你从来没有忘记过他们中的任何一个人。我想，他们也从未忘记过你的友情、名字和笑脸。

跟大家一起笑

看了一个爆笑的喜剧片，你捧腹大笑，直到翻倒在电影院的椅子上。你突然意识到自己的失态，赶紧收起笑容，四下望望，发现黑乎乎的电影院里，人们笑翻了一片。确定了自己不是个别的那一个，你这才定了定神，继续捧腹大笑。

总想张扬个性的你，为什么等大家都笑了才敢一起笑呢？

由此想到，今天的我们，是不是少了一些儿时的率真，而多了一些畏首畏尾、循规蹈矩？

责任的力量

鸟儿在哺育幼鸟之前要忙着筑巢，兔子在冬天到来之前要赶紧垒窝，就连狼在面对危险的时候也对幼崽呵护有加，因为它们的身上都有责任。

对于人来说，责任却是一种多么复杂的东西啊。手边的任何一件事情，周围的任何一个人，都需要你负责任。

责任是无形的，是一种力量。这力量既能把你压得喘不过气来，也能成为你前进的加速器。

在这个竞争激烈的时代，你要考虑的不仅是怎样将责任化为动力的问题，更多的是要防备被责任带来的压力压垮。

> 责任是无形的，是一种力量。你不仅要考虑怎样将责任化为动力，更要防止被责任带来的压力压垮。

照一张清楚的照片

你让朋友给自己拍了一张很清楚的照片，这才发现自己的脸上有几个雀斑，自己的脸色是多么难看，眼睛又小又没有光彩。在没有这张清楚的照片之前，你一直认为自己白净红润的脸庞上，一双大而有神的眼睛在忽闪忽闪。

你不知道自己与别人合作有多难，不知道自己的性格有多古怪，不知道自己的脾气多么坏，当然你也不知道自己多么有才能，多么有智慧。

你心中的自己是模糊的，让朋友给你照一张清楚的照片吧，你会看到一个从未见过的、陌生的自己。

你心中的自己是模糊的，让朋友给你照一张清楚的照片吧，你会看到一个从未见过的、陌生的自己。

水一样的女孩

时间会像水一样流走，友谊会像水一样纯净，爱情会像水一样平淡，心灵会像水一样透明，意志会像水一样洞穿巨石。

水是多么奇特美妙啊，她时而波涛汹涌，时而又风平浪静，时而水波不兴，时而又奔流不息。

做一个水一样的女孩吧，有水一般透明的心，有水一般奔腾的情感，有水一般清澈的眼眸，有水一般气势磅礴的志向，有水一般接纳百川的胸怀。只是——别有水一般暴跳如雷的坏脾气。

做一个水一样的女孩吧，有水一般透明的心，有水一般奔腾的情感，有水一般气势磅礴的志向，有水一般接纳百川的胸怀。

快乐无极限

你在开怀大笑的时候会不会想到手头还有一大堆事没做，书桌上还有一大堆书没看？因此，你的心头掠过一丝不快，然后收敛了笑容，转身去做自己并不情愿做的事情。

为什么不能无忧无虑地继续笑下去呢？为什么要限制自己的快乐呢？

在该做事的时候做事，在该大笑的时候大笑，你的快乐就没有极限。

而在做事的时候想着笑，在笑的时候又想着没做完的事情，你的快乐将永远是压抑的。

学会认错

随着年龄的增长，你越来越不愿意说：“我错了。”即便你的心里非常愧疚，你的嘴上还是会固执地坚持自己的意见。你已经能做到很快意识到自己的错误，但你却不能很快认错。

一直以来，你认为认错是一件多么没有面子的事。可就是因为这样，你会失去好朋友，会与亲人产生隔膜，甚至还会一错再错。

如果已经认识到自己的错误，那就该开始学着认错。这是一种最有效的沟通方式，没有人会在你真诚认错之后还为难你，但人们会因为你不认错而认定你不真诚，就算你在心里已经忏悔过 1000 次。

如果已经认识到自己的错误，那就该开始学着认错。没有人会在你真诚认错之后还为难你，但人们会因为你不认错而认定你不真诚，就算你在心里已经忏悔过 1000 次。

天桥风筝

在这座城市大大小小的天桥上，总能看见一两位闲适的老人在放风筝。城市道路太过拥挤，老人们又不方便跑到很远的地方，于是他们选择在自己身边的天桥上放风筝。

天桥是多么的狭窄，但那些老人们的心却随着风筝飞到了很高很远的地方。

同样，你也生活在这个拥挤的城市中，你的心被挤得喘不过气来，这时的你有没有想过，把自己的心当作天桥，在又高又远的天空中放飞想像的风筝呢？

大声唱歌

在乡间寂静的傍晚，在一个人孤独的时候，你大可不必顾虑太多，只要你想，你就可以大声唱出想唱的歌。哪怕只是你自编的蹩脚歌曲，哪怕这歌声并不那么动听，又有什么关系呢?要知道，你唱歌并不是给别人听，而是唱给自己那颗孤独的心的。

有时候，你看见邻居站在院子里挥舞胳膊胡乱唱着，声音响彻了全院，你不也偷偷羡慕对方的豪爽吗？那歌声同样不好听，但那歌声向大家宣布，他是世界上最快乐的人，同时，他也用自己的歌声把快乐传遍了整个院子。

想成为世界上最快乐的人吗？那就大声歌唱吧！

午休

一个短暂而惬意的午休之后，你是不是觉得精神倍增，心里有说不出的舒坦呢？

人生也需要这样的午休，当你有些疲劳、有些沮丧、有些彷徨的时候，不妨来一个午休，醒来之后，一切又是美好而快乐的了。

不过，可要记住哦，午休的时间千万不要太长，否则你就要被别人定性为懒惰了。

做一条不知名的鱼

在深不可测的大海里，有无数不知名的鱼游来游去。它们并不因为自己的不知名而苦恼，或是因为不知名而丧失了生活的目标。相反，它们和那些有名的鱼儿们一样，有鲜艳的色彩，有快乐的生活。

在这个拥挤的社会里，有无数不知名的人在熙来攘往。你就是这些不知名的人中的一个。你平常得像沙漠里的一粒沙子，但你不会因为自己的普通而失去你的个性、你的思想和你的追求。

做一条不知名的鱼是快乐的，同样，做一个不知名的人也可以是快乐的。

> 你平常得像一粒沙漠里的沙子，但你不会因为自己的普通而失去你的个性、你的思想和你的追求。

心的春夏秋冬

没有必要伤春悲秋吧，好像那是上个世纪末的老思想了。

即便你的身边没有一泓春水荡漾，那枝头上的点点葱绿，难道不能融化你那颗冰封已久的心吗？

即便你的头顶有烈日在炙烤，可你身上那件绚烂的长裙，难道还不能滋润你那颗烦躁不安的心吗？

即便你的脚下又是一年秋风吹落叶，那“天凉好个秋”的神清气爽，难道还不能抚慰你那颗孤独寂寞的心吗？

即便你的耳畔又是北风卷黄沙，那冰清玉洁的雪世界，难道还不能打动你那颗多愁善感的心吗？

给心灵减肥

女孩子们都喜欢减肥，不管自己有多瘦。可你有没有想过，该给自己的心灵减肥了呢？

减掉虚荣，减掉嫉妒，减掉懒惰，减掉忧郁，减掉依赖，减掉娇气，你就是一个人见人爱的健康女孩了。

要知道，给心灵减肥可比给身体减肥更重要哦！

别忘了给心灵减肥。减掉虚荣，减掉嫉妒，减掉懒惰，减掉忧郁，减掉依赖，减掉娇气，你就是一个人见人爱的健康女孩了。

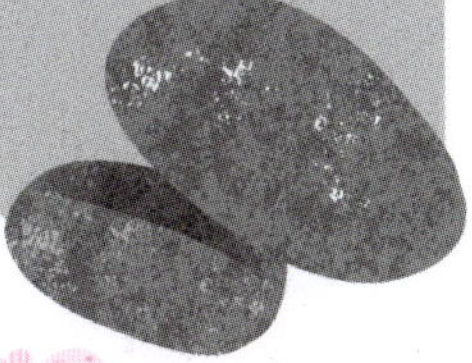

花朵的四季

路边的花朵开了又谢，谢了又开，它们用不同的身姿来迎接着自己的四季。

我们不是也一样吗？没有谁的生活是四季花开的，就算冬天严寒漫长，夏天酷暑难耐，春天有沙尘，秋天有风霜，我们也要像路边柔弱的小花朵一样来迎接每一个春夏秋冬。

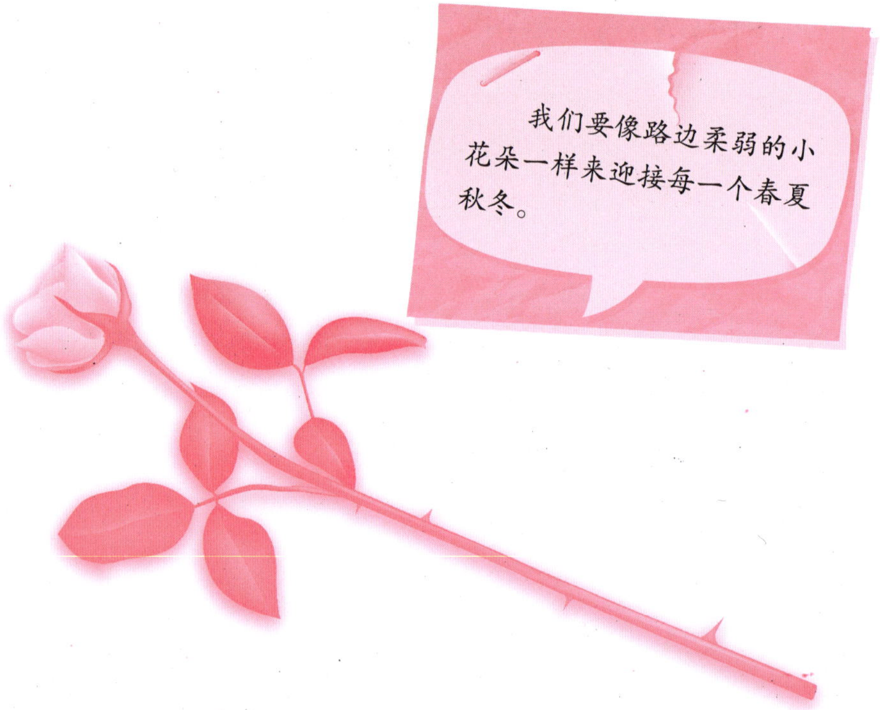

鹩哥

有一种鸟的名字叫鹩哥，它可以学任何叫声。它会像人一样问好，还会唱“祝你生日快乐”，它会发出狗的叫声，甚至还会学汽车刹车的声音。

但是鹩哥没有思想，所以会因此闹出许多笑话。你心情正不好，它可能会高唱“祝你生日快乐”，而朋友来你家过生日，它可能会发出汪汪的狗叫声。若真招来小狗，鹩哥早吓得魂飞魄散了。

作为鸟，鹩哥无疑是聪明的，但我们可不能成为只会学舌而没有思想的鹩哥哟。

鹩哥可以学任何叫声，但是鹩哥没有思想。作为鸟，鹩哥无疑是聪明的，但我们可不能成为只会学舌而没有思想的鹩哥哟。

一生中最美妙的时光

人们都希望在自己的一生中，最美妙的时光越长越好。

所以，他们想留住自己手中的每一天。他们气喘吁吁地去追逐昨天的岁月，留下的只能是追忆和遗憾。

其实，人生的每一个阶段不都是最美妙的时光吗？

童年的天真，青春的浪漫，中年的沉稳、睿智和老年的悠闲都会让你感慨：一生中最美妙的时光就在今天。

为最亲的人做一顿饭

最近你是否会觉得很烦躁，或是有什么东西堵在喉咙里说不出来？最近你是否会觉得很无聊，或是几次拿起电话又放下？

每当这个时候，懒散的你就不妨花一点时间，为最亲的人做一顿饭吧。

尽管你的厨艺没有人敢恭维，尽管没有什么美酒加咖啡，不过，这一餐简单的家常饭不仅给你最亲的人带来不小的快乐，也能在不经意间调理了你那颗慵懒的心。

> 为最亲的人做一顿饭吧。这一餐简单的家常饭不仅给你最亲的人带来不小的快乐，也能在不经意间调理了你那颗慵懒的心。

感冒

这是一种很常见的小病，但是如果不加以重视，小小的感冒也会转成大病，甚至危及生命。

你知道吗？心灵也是会感冒的。失落、沮丧、忧愁、委屈、急躁、不满、郁闷、空虚、愤怒、烦恼，这些都是心灵感冒的症状。有了以上的症状，你也一定要赶紧治疗。

运动、旅游，和好友聊天、读一本好书、看一场电影、买一样心仪已久的小玩具，或者吃一顿好吃的，都是治疗心灵感冒的良方。想不想试试呢？

运动、旅游，和好友聊天、读一本好书、看一场电影、买一样心仪已久的小玩具，或者吃一顿好吃的，都是治疗心灵感冒的良方。

我是夏老师，
和我一起在阳光下，
给你的心灵
晒个日光浴吧！

Part 3
第三部分

心灵日光浴

平静是福

年轻的你总希望生活再多一些波澜，多一些坎坷，甚至多一些事端。在你尽情地体味人生中的不平静时，你却忽略了——其实平静是福。

你看，花儿喜欢独自开放，并不愿意自己的美丽被哪个讨厌的家伙注意，否则它会成为花朵中最可怜的一朵。

溪水喜欢静静地流淌，一旦到了闹市，就会变得不再清澈。

聪明人喜欢安静地生活，处在喧闹的人群中，他往往会失去自我。

如果还不相信，你就去问问那些老人，他们都会告诉你：平静是福。

涟 漪

你皱着眉说，自己的心像秋风拂过的水面，起了涟漪。

涟漪，一个多么美丽的词汇啊。如果湖水起了一点点涟漪，说明湖水是清澈的。如果你的心里起了一点点涟漪，说明你的心是单纯的。

被污染的湖水杂质太多，已经不能在水面荡起涟漪了。有过太多经历的心伤痕太多，不会有什么事情能够在心里荡起涟漪了。

如果你还有一点点苦恼，有一点点激动，哪怕是有一点点忿忿然，都说明你有颗简单的、纯净的、年轻的心。

所以，你还怕自己的心起涟漪吗？

和宠物玩耍

如果你有一只可爱的宠物，那你不妨经常和它玩耍。在你和它捉迷藏的时候，在你轻轻抚摸它的时候，你会发现，这个和你语言不通的小东西会有和你同样的感情、同样的喜怒哀乐。那么，你还忍心欺负它，欺负和它一样聪明而弱小的动物们吗？

当你学会善待动物之后，你自然就学会了善待他人。

星 光

夜晚，你一个人孤独地走在人行道上的时候，总期待着天上有一抹星光，能照亮你前行的路。

人生路上，在你最孤立无援的时候，同样也需要这样一抹星光，照亮你未来的方向。你期待自己的良师益友就是这抹星光，你期待先贤哲人就是这抹星光，你期待励志名言就是这抹星光。

可你想过没有，你自己就不能是这抹星光吗？

边骑边唱

你一定很讨厌堵车吧，但从另一个角度看堵车，用另一种态度来对待堵车，未尝不是一件好事呢。

你可以用这堵车的时间，认真听上一小段广播节目，或是安静地想想经常困扰着自己的问题，还可以在心里给自己哼上一首歌，或是看看街灯掩映下熟悉而陌生的城市。你也许会发现，原来生活中还有这样的美妙所在。于是，你不再因为堵车而心慌意乱，甚至出言不逊。

用另一种态度看堵车，你会得到一个新鲜的世界；用另一种态度看这个纷乱的世界，你会得到一个新鲜的人生。用另一种态度看毫无目标的人生，你会得到一个新鲜的自己。

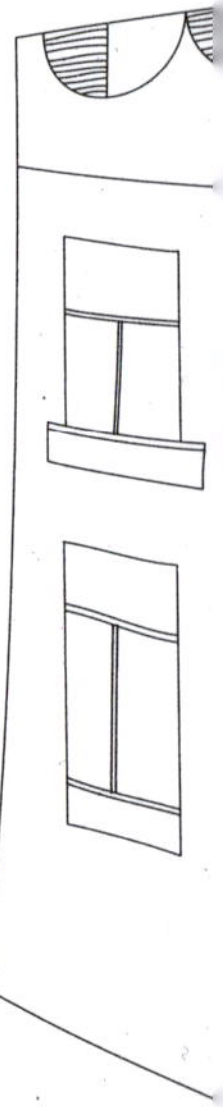

用另一种态度看堵车，你会得到一个新鲜的世界；用另一种态度看这个纷乱的世界，你会得到一个新鲜的人生。用另一种态度看毫无目标的人生，你会得到一个新鲜的自己。

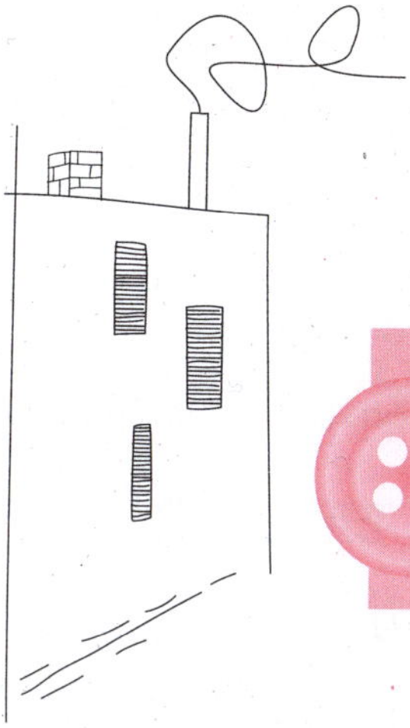

夸奖别人吧，为了让这个世界变得更美丽。

夸奖别人

人们都希望听到别人对自己的夸奖，并因此觉得世界多了很多光彩。你应该学会夸奖周围的人，甚至自己不喜欢的人。

你夸奖了他，他会把好心情传递给她，她得到好心情，又会去夸奖另一个他。于是他们和她们，就会把从你这里得到的赞美传递给更多的人，这赞美从一个人传给许多人，直到有一天它又重新被传回你这里。那时，你将会发现，你的周围是一个五彩斑斓的世界。在这个世界里，你永远没有敌人，你看到的，永远是一双双善良美丽的眼睛，你听到的永远是动人的赞美和朴实的忠告。

夸奖别人吧，为了让这个世界变得更美丽。

花的不平凡

你看，那路边有一朵迎着秋风瑟瑟发抖的小花。你俯下身去，仔细端详这个弱小的生命，那颤巍巍的花瓣与花蕊，可以让你看到一个生命的希望、挣扎、向往和努力。

一花一叶，都可以彰显自己的不平凡，那么，作为造物主宠爱的你呢，是不是应该有一个不平凡的人生？

聪明的你要问了，什么是不平凡的人生呢？看看路边那朵不起眼的小花就知道了，不平凡就是坚韧、积极、乐观和无所畏惧。不平凡就蕴藏在平凡之中。

不妨当一只麻雀

麻雀，是一种多么不起眼的小鸟啊！没有艳丽的羽毛，没有婉转的叫声，但也因为如此，麻雀能够获得宝贵的自由。它不用担心和人的距离太近，它能随意生活在任何地方，甚至包括喧嚣的城市。

麻雀们甚至能在动物园的铁笼外，向笼子里那些高贵美丽的鸟儿们炫耀自己的自由和快乐。它不因没有华丽的外表而自卑，不因曾被大规模捕杀，受到过不公正待遇而一蹶不振。

你也不妨做一只麻雀，不引人注意，却拥有令鸟儿们羡慕的自由和快乐。

书里的美丽故事

你从小就听过不少有关书的故事吧？你知道，书让人有智慧，有力量；书让人的心灵充满阳光。可你想过没有，有一天你也会成为书里的主人公，或者书里美丽动人的故事就是你撰写的？

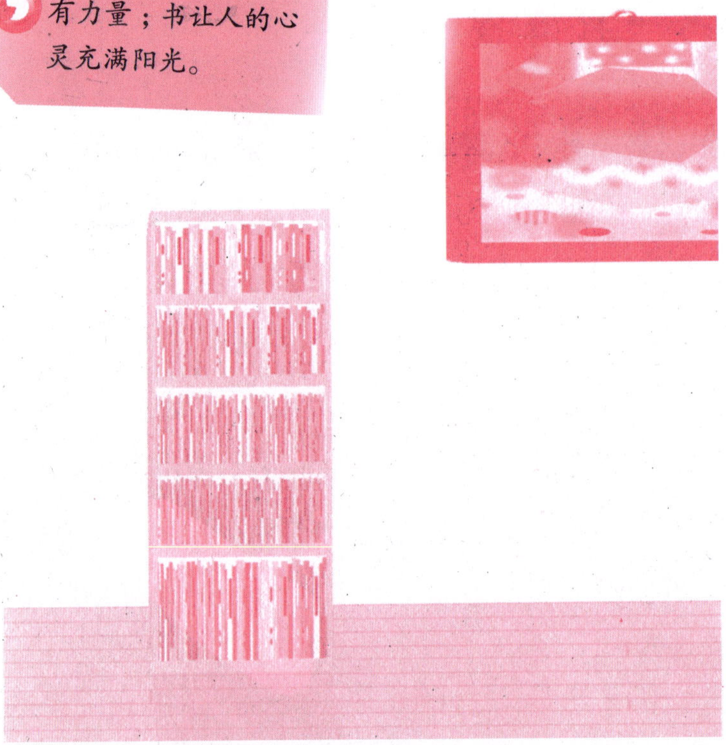

赶上机会的火车

坐过火车的人都知道，赶火车是绝不能晚点的，否则火车上那么多乘客，怎么等得过来呢？所以，赶火车的人都知道要预先做好准备，否则，站在寂寞的站台上听火车汽笛声的滋味可不好过。

生活就像这个站台，每一次机会就是一趟火车。想要赶上这班火车吗？那要早早地收拾好智慧的行李，提前在站台上准备好哦。

每一次机会就是一趟火车。想要赶上这班火车吗？那要早早地收拾好智慧的行李，提前在站台上准备好哦。

模 仿 秀

小孩喜欢模仿大人，普通人喜欢模仿明星。不过，这个时代喜欢创造，不喜欢模仿。然而，模仿又有什么错误呢？特别是在你还没有形成自己风格的时候。

模仿有时是一条捷径，只要你不拘泥于模仿。模仿让你更能看清自己的缺点，只要你不因此感到自卑。能够模仿别人说明你有足够的能力，只要你能在此基础上坚持努力。

成功，往往是从模仿开始。那么，你还犹豫什么？找到自己想要模仿的对象，赶快行动吧！

岔 路

你在乡间散步的时候，突然，在迷雾中看见两条岔路，于是你犹豫了，不知道哪里是归去的路。你想寻找路标，寻找向导，寻找一个哪怕是陌生的人。

也许，条条小路都能通到你的家，条条小路都满是花香，但你却惧怕其中的任何一条。

在这一生中，你会遇到无数次这样的岔路，你会更加迷茫和忧虑，但你只须记住：任何一条岔路都会通向你想要的地方，任何一条岔路都充满花香。你只要勇敢地迈出步伐，而不是停在岔路口茫然四顾，或者选了又选，挑了又挑，举棋不定，你会比其他人更早地找到你想要的目标。

你只要勇敢地迈出步伐，而不是停在岔路口茫然四顾，或者选了又选，挑了又挑，举棋不定，你会比其他人更早地找到你想要的目标。

流浪猫

家里来了陌生人，猫咪胆怯了，它上蹿下跳，只想找一个安全的地方。这时候的家猫倒不如外面的流浪猫，流浪猫自己觅食，自己寻找水源，生老病死都是自己料理。

来到陌生的环境，你是不是也像一只受惊吓的猫咪，用好奇而惊恐的眼睛看着周围的世界呢？

你也想找一个安全的方式，让自己的心不再恐慌。你的胆怯让你不敢与人沟通，你生怕自己的心灵受到伤害。

其实，越是被保护的心灵就越容易受伤，不如做一只流浪猫，用一颗勇敢的心挑战这个未知的世界。

有些事不要太用心

从小你就被教导，做任何事都要用心。而你慢慢长大以后，会发现对待一些人和事，应该做到不要用心。如果你时时在意，处处留心，早晚有一天你会被自己的心累垮的。

对于那些无聊和惹人讨厌的人，你不要用心，忘掉他就是了。对于那些一时解决不了的烦心的事，你也不要用心，暂时忽略它、等待时机就是了。你只要把心放在值得关注的人、值得关注的事上，你就能做到既轻松又优秀。

试着不去用心吧。

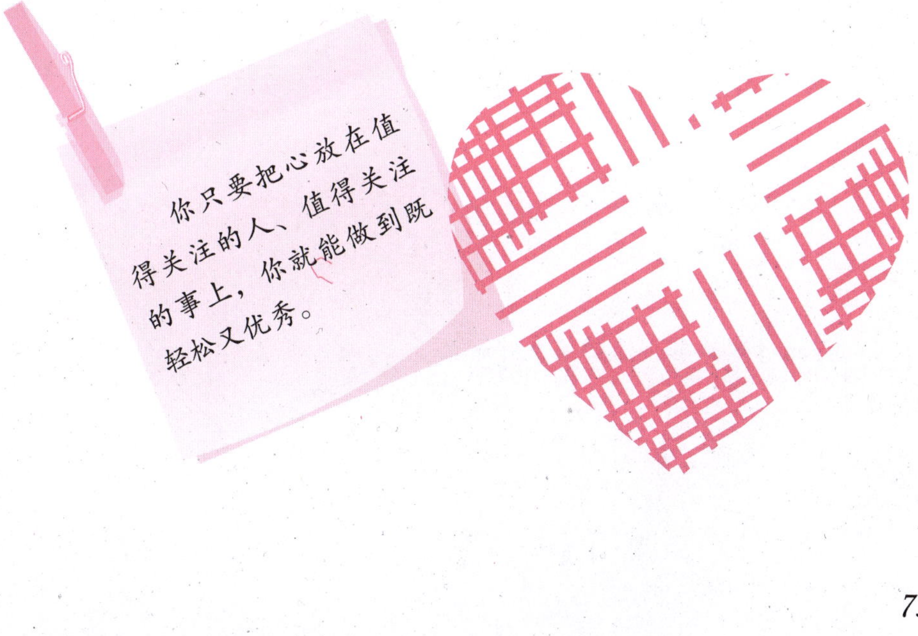

怀旧电话

你有过这样的体会吗？几年没联系的好友，你并没有把他或她忘却，但要真的拿起电话，拨通只有你知道的、对方心灵的电话号码，那又是多么难啊。

可你知道吗？电话线那一端的他或她，也在犹豫着要不要给你打一个怀旧的电话呢。

勇敢地拿起话筒，果断地拨通号码，和久违的朋友聊聊天吧！你一定会有意外的惊喜：也许是心情的豁然开朗，也许还会有对往日的追忆、对生活的慨叹。

> 勇敢地拿起话筒，果断地拨通号码，和久违的朋友聊聊天。

直播节目

电视台的直播节目是不是很紧张呢？无论是主持人还是嘉宾，都必须一板一眼地说好每一个字，每一句话。

人这一辈子也是一个漫长的直播节目。你有的时候是自己节目的主持人，有的时候又是别人节目的嘉宾。没有机会重来，没有机会更改，你只有在登台表演之前，做好充分的准备，才能顺利地完成这个大型的人生节目的直播。

尝试做一件没有功利的事情吧，它会让你的心情在久违的自由天空中翩翩起舞。

涂 鸦

有时候，信手的涂鸦会给心情带来一丝愉悦，因为涂鸦是单纯的，没有功利性的。

所以，尝试一下涂鸦吧，像个稚嫩的孩童，随意挥洒自己的快乐。尝试做一件没有功利的事情吧，它会让你的心情在久违的自由天空中翩翩起舞。

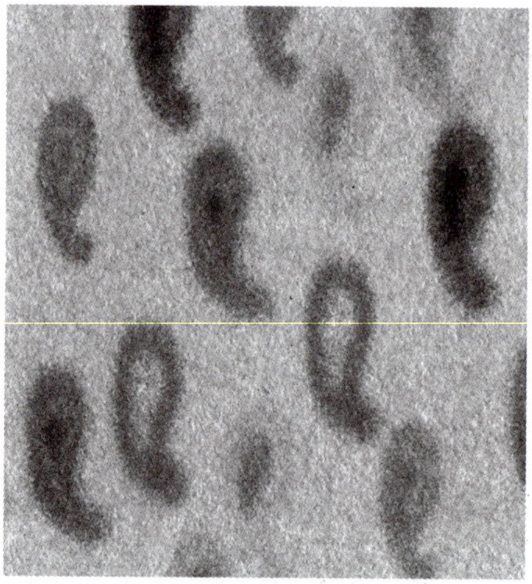

聪明人

善于抓住机会的人是聪明人，能够急流勇退的人是聪明人，敢于冒险的人是聪明人，屡败屡战的人是聪明人。

但我们往往羡慕能抓住机会的人，而嘲笑急流勇退的人；我们赞叹敢于冒险的人，而忽视屡败屡战的人。

我们往往羡慕能抓住机会的人，而嘲笑急流勇退的人；我们赞叹敢于冒险的人，而忽视屡败屡战的人。

恰到好处

香水的味道原本是浓烈的，但只洒一点点在身上，会带来恰到好处的芳香。

你的热情原本是浓烈的，但也许只用一点点在朋友身上，就能让人觉得无限温暖。

你的忠告原本是浓烈的，但只要有一点点说到了别人心上，就会让人觉得茅塞顿开。

就像鸟儿的叫声，不是越大越好，而是婉转就好。你的感情，不是越热烈越好，而是恰当就好。

心灵良药

你偶尔也会生病吧？生病的时候，你会忙着去医院找医生吧？而你是不是总惦记着自己身体的健康，而忽视了心灵的健康呢？

你的心偶尔也会生病的。你的嫉妒，你的焦躁，你的愤懑，你的无聊，都是心灵的病。

不用担心，这样的小毛病还用不着去找心理医生，那小鸟的欢歌、花朵的笑脸、水流的身影和云彩的模样就是你最好的心灵良药。

听到这里，你还不快去郊外的药房里取你的心灵良药？

你的心偶尔也会生病的。那小鸟的欢歌、花朵的笑脸、水流的身影和云彩的模样就是你最好的心灵良药。

网络——天使与魔鬼

网络，它是天使还是魔鬼呢？

有了它，我们可以加深彼此之间的友谊，可以迅速地了解远在大洋彼岸朋友的信息，但也会让我们和不知底细的陌生人建立奇怪的友谊，以至于会上当受骗。

有了它，我们可以快速地浏览各种资讯，当然也包括我们不应当看的东西。资讯过多也会使我们分不清信息的真伪、优劣。

有了它，我们可以看到一个多元的世界，但同时也为这个世界的多元而困惑。

网络，是天使还是魔鬼，就在我们自己的掌握之中。

干 涸

如果总是使用而不补充，即使是湖泊也有干涸的时候。

如果总是索取而不保护，即使是宝藏也有枯竭的时候。

你的智慧、思想、经验、能力不也是一样吗？它们像湖泊、宝藏一样，需要你的用心呵护。否则，总有一天它会干涸，会枯竭，会在你面前显得无力，显得苍白。

读书、行路、在实践中锻炼，都会使你得到滋养。

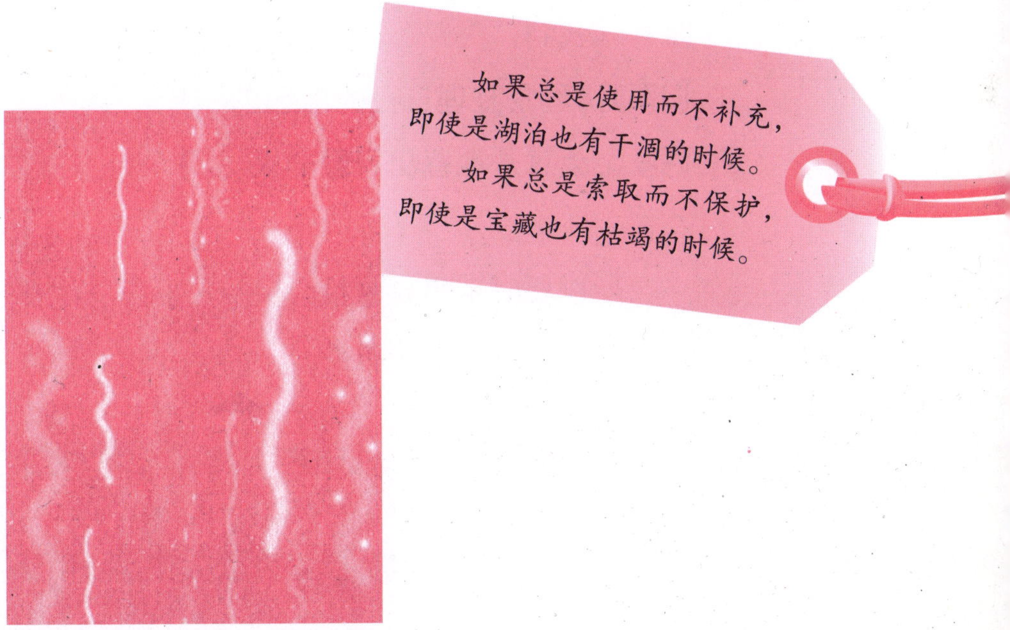

收拾心灵的房间

还记得你上次收拾房间是什么时候吗？想必已经很久了。还记得你上次整理思想是什么时候吗？想必也已经很久了。

经常收拾房间，说不定会意外地找到“失踪”了很久的旧照片。经常整理自己的思想，说不定会意外地冒出智慧的火花。

所以要时常想着收拾心灵的房间，打扫思想的阁楼。

每 一 天

每一天是多么平凡啊，甚至平凡得让你感觉无聊。所以，烦躁的你开始不珍惜这流水般逝去的好时光了。

直到有一天，你发现周围的朋友都穿过这神秘的时光隧道，收获了时间赋予的珍宝，一直期待奇迹发生的你才发现，自己错过了一天又一天。

不过，时间既是吝啬的，它又是宽容的。它允许你从头开始，就怕你迟迟不开始；它鼓励你有行动，就怕你一直不行动；它喜欢你去幻想，就怕你永远不幻想。每一天你都有创造奇迹的机会，就怕每一天你都不觉得这是机会。

快乐不打折

如果得到一个蝴蝶结你就会感到快乐，那你可能一天之内就能感受到快乐的滋味。如果得到一件连衣裙你才会感到快乐，那你可能 3 个月后才能感受到快乐的滋味。如果周游世界你才能感到快乐，那你可能一辈子都感受不到快乐的滋味了。

快乐，不会因为微小而让它的滋味打任何折扣。相反，过高的期望反而让快乐离自己越来越远。

快乐，不会因为微小而让它的滋味打任何折扣。相反，过高的期望反而让快乐离自己越来越远。

生活的色彩

毫无疑问，生活是彩色的。但它的色调又是怎样的呢?

在你失意的时候，一切都是灰色的，这时朋友的安慰增加了一抹绿色，家人的鼓励是一点点玫瑰红。而当你鼓足勇气改变这一切的时候，仿佛就像灰雾中透出了金色阳光。

在你得意的时候，你会被温暖的红色包围，而朋友冷静的忠告好像一点点纯净的蓝色，你自己的清醒就像美丽的雪花的白色，改变了那浓艳得让人迷醉的色彩。

生活应该是五颜六色的，否则无论是冷色调还是暖色调，任何一种太过单纯的颜色都会让你迷失自我。

心 在 忙

你的嘴边总爱挂着一个字："忙"。你脚步匆匆，仿佛有干不完的事。可一段时间过去，你会发现自己并没有比那些从容不迫的人多做了些什么，不仅如此，你好像比别人还更加疲惫。

你并不是真的在忙，你脚步匆匆不过是想让自己相信：我做的事情是举足轻重的。你仿佛有干不完的事，那不过是想证明，没有你地球是转不动的。

相信别人，把心放下，你会活得更轻松。

关 心

你是不是常渴望被别人关心呢？渴望在孤独的夜晚响起朋友的电话铃，渴望在寒冷的冬天有一句温暖的问候语？

那么，在别人感到孤独的夜晚，在寒冷的冬天里，你有没有想过给他或她以关心呢？

在不经意的时候给别人以关心，在你需要的时候，关心自然会降落在你身边。

胸 怀

我们有时候是不是只关注自己的哀与痛，而缺少一种悲天悯人的胸怀呢？懂得同情他人，自己的幽怨就会烟消云散的。

我们有时候是不是只计较自己的得与失，而缺少一种宽宏博大的胸怀呢？懂得容纳他人，自己的得失就显得微不足道了。

我们有时候是不是只在意自己的成与败，而缺少一种雪中送炭的胸怀呢？懂得扶助他人，他人也自会帮助你更快走向成功。

心灵健身操

Part 4
第四部分

会换衣服的鱼

去过海底世界吗？那里有许多或是鲜艳、或是巨大、或是灵巧的鱼儿。

知道吗？它们中的一些是会根据季节、环境的不同而改变颜色的，这个本领会让这些看似柔弱的家伙躲避很多危险呢。

那我们呢？能否做一条会换衣服的鱼呢？

树的传说

想必和我一样，你从小也听说过很多关于树的传说吧？摇钱树、智慧树、面包树，等等。人们把太多的幻想挂在大树的枝头，幻想那神一般的树给自己带来金钱、才能和温饱。

怎么就没有人想过大树会疲惫呢？怎么就没有人想过自己也能成为一棵大树，成为一棵给别人带来金钱、才能和温饱的树呢？

人们幻想那神一般的树给自己带来金钱、才能和温饱。怎么就没有人想过自己也能成为一棵大树，成为一棵给别人带来金钱、才能和温饱的树呢？

清理磁盘碎片

经常用电脑的你可能会发现，心爱的电脑有时不能正常地工作，原因是电脑中的磁盘碎片太多，阻碍了电脑的运行。

这时，需要你用不短的时间来清理磁盘碎片。之后，电脑就会乖乖地做它应该做的事情了。

聪明的你同样懂得，自己的头脑中也会有磁盘碎片一样的东西。它们可能是疲劳、不满、无聊，也可能是坏情绪、暴脾气。

聪明的你同样知道，该清理的时候要清理，用理智，用平和来改变这一切。

变 化

鸟儿面对寒来暑往，它们改变自己的栖息地。猫咪面对主人的抛弃，它们增强自己的生存能力。熊猫面对地壳变迁，它们选择新的食谱。

而面对不可预知的将来，我们又将怎么改变自己呢？

远古的回忆

考古发现了古文字和瓷器碎片，我们还记得这些带着泥土味的东西吗？在用键盘敲击的今天，烧制在陶器上的字迹是什么含义？在金属器皿闪闪发光的今天，那些易碎品的价值在哪里？在牛仔服大肆流行的今天，“长袖善舞”是否成了一个带有贬义的成语？

生活在今天的我们，偶尔应该想想那遥远而陌生的时代，这有助于找到我们本性深处的东西，找到自己生命的根基。

琐碎的事

我们常常看不起那些琐碎的事情，诸如做饭、收拾房间，或是给客人沏茶倒水之类的小事。我们总觉得自己应该做更大的事，但事实上，如果连平日一茶一饭的修行都不能做好，我们将会失去很多做大事的机会。

你也许会问，连芝麻般细小的事都要做得完美，不会很累吗？是的，会很累，但你那颗悠游自在了很多年的心，累一点又有何妨呢？

新思维主义

长时间地看同一本书，用一整年的时间学一套教材，每天电视里各个频道播出的都是相似的节目，你不觉得这样的生活会让我们的思想越来越简单，思维的速度越来越放慢吗？

有什么办法呢？你大概早就发觉了，但又没有力量走出这思维贫乏的困境吧？

不妨和我一起把过去的思想抛开，来过一种新思维支配的生活吧！

如果手头的教材你已经滚瓜烂熟，可你又不得不看它一整年的时候，我劝你放下手中的课本，看一些小说，甚至自己可以尝试写一些小说哦。

如果电视节目让你厌倦，你完全可以买一些经典的 VCD 看，连 VCD 也不想看的话，也不妨和同学们煲电话粥。要知道，打电话可以让你宣泄心中的烦恼，减少心理疾病的发生哦。

不管做什么，如果你厌倦了，可以用一种新思维去解决。坚持做自己厌倦的事，只能让你更厌倦。

感觉青春

你在篮球场上跳跃的时候，能感觉到自己的青春吧？

你在观看科技展览的时候，能感觉到自己的青春吧？

你在参观大学校园的时候，更能感觉到自己的青春吧？

青春无处不在，但它又转瞬即逝。抓住青春，好好享受青春的感觉吧。

青春无处不在，但它又转瞬即逝。抓住青春，好好享受青春感觉吧。

明 星 梦

你总是很崇拜那些名人、明星吧？你很羡慕他们最辉煌的那一刻吧？可你知不知道他们在此之前的失败、等待与沮丧呢？你有没有想过他们辉煌过后的失落、寂寞与忧伤呢？

我们总喜欢说“过程很重要”，而事实上我们不是更看中结果吗？我们并不喜欢漫长的、看不到结果的过程。

你当然可以有成为名人的梦，有成为明星的梦。但即便是梦，也要有开始，有过程，有喧闹，有落寞，而不仅仅是最辉煌的那一刻。

晚霞飞舞的一瞬间

那是个暴雨后的傍晚，这个城市的每一个人都忘不了那晚霞飞舞的一瞬间，火一般的云彩时舒时卷，染红了天边，染红了所有人的心。

然而，那只是一瞬间，很快，天又恢复了原来的颜色，人也恢复了原来的生活，但这瞬间的美丽却留在了许多人的记忆里。

你的日子不也是一样吗？有无数平淡、平凡甚至平庸的日日夜夜，但也会有彩霞飞舞的一瞬间。重要的是，你是否记得把那霎时的美丽留在了记忆里。

鸟儿栖息的树林

六楼的老奶奶已经老得不能下楼，她不能像以前一样每天去郊外的树林里听鸟儿的声音了。

楼下的邻居们总是同情地指着老奶奶的窗户说：“唉，人老了，连楼都下不了喽。”

老奶奶却很平静，她只是每天放几把小米在自家窗台上。

渐渐地，越来越多的鸟儿都知道了老奶奶家的窗台，它们在这里觅食，同时也在为老奶奶欢快地歌唱。

老奶奶不能去郊外的树林了，她的心就是鸟儿们栖息的树林。

我们需要圣诞夜

又将是一个没有雪花的圣诞夜了，尽管早就知道圣诞老人是商场里的员工扮演的，早就知道圣诞树下的礼物盒子是空的，早就知道这一夜不会发生任何奇迹，但还是盼望着这个星光闪闪的夜晚。不为别的，就因为这个夜晚让整个城市都飘荡着一种快乐的空气。

真的，我们从来没有像现在这样需要过圣诞夜。还记得很久以前吗？我们对这个舶来的词汇都感觉陌生。那个时候，我们不需要一个特别的日子来得到快乐和轻松，因为我们的每一天都是快乐和轻松的。而现在，疲惫的我们需要这个日子了。我们希望听到远方朋友的祝福，希望自己的心更年轻，希望重新找回快乐和轻松。

真的，我们从来没有像现在这样需要过圣诞夜。我们希望听到远方朋友的祝福，希望自己的心更年轻，希望重新找回快乐和轻松。

小 木 屋

在城市生活了很久的我们，希望拥有一座森林里的小木屋。

清晨醒来，房间里弥漫的应该是花朵的清香。推开窗户，看到的应该是松鼠娇小的身影。去散散步，鞋子应该被露水打湿。伸一伸手，应该能摘一把鲜美的浆果。

这好像是一个奢侈的梦，实现起来是多么的难。

那就不如在心里建一座小木屋吧，在心灵的森林里找一片没有人打扰的地方。

我们希望拥有一座森林里的小木屋。这好像是一个奢侈的梦，那就不如在心里建一座小木屋吧，在心灵的森林里找一片没有人打扰的地方。

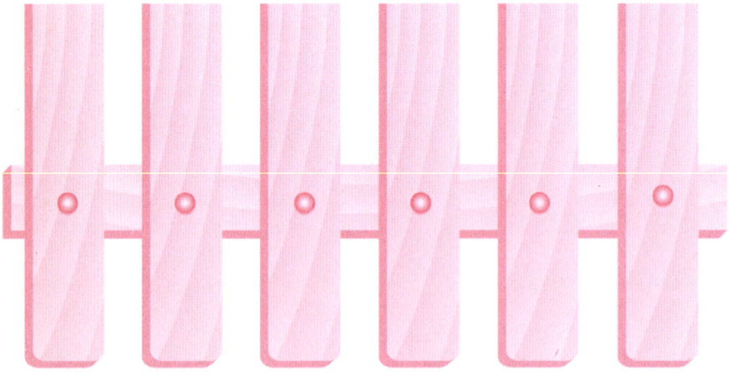

叶子落了一地

叶子落了一地，说明秋天已到了尽头。心情忧郁了几天，说明坏运气已到了尽头。叶子落了以后，来年还能发出嫩芽。心情忧郁了几天，不久又能绽开笑脸。

为了每年发新芽的春天，大树永远要健康生长着。为了每天欢乐的笑脸，心情要永远晴朗着。

为了每年发新芽的春天，大树永远要健康生长着。为了每天欢乐的笑脸，心情要永远晴朗着。

和自己比

你知道自己身上有很多优点，也有很多缺点。

你有时用自己的缺点比别人的优点，就会感到自卑。你有时又用自己的优点比别人的缺点，就会感到自负。

你用自己的优点比别人的优点，自信就少了一半。你用自己的缺点比别人的缺点，进取心又少了一半。

于是你烦恼了。

其实丢掉烦恼很简单：不去和别人比较，无论是什么，只和自己的昨天比。这样，你就会发现，自己的优点越来越多，缺点越来越少。

> 其实丢掉烦恼很简单：不去和别人比较，无论是什么，只和自己的昨天比。

渴望成功

和所有年轻得一无所有的人一样，你也渴望成功。可越是着急你会觉得离成功越远。

有的人 30 岁就成功了，有的人却需要再花 30 年才能等到这一天。

静下心来问问自己，成功是什么呢？是财富、声望、地位、荣誉，还是别人对你的仰慕？

对于 20 岁的人来说，成功也许是找到心仪的另一半。对于 30 岁的人来说，成功也许意味着财富和声望。而对于 70 岁的人来说，成功大概就是能健健康康地活到 80 岁。

> 对于 20 岁的人来说，也许成功是找到心仪的另一半。对于 30 岁的人来说，也许成功意味着财富和名声。而对于 70 岁的人来说，成功大概就是能健健康康地活到 80 岁。

春　花

喜欢春花的绚烂吗？在满园鲜花盛开的时候，你的心境是不是也跟着明朗起来，像那蓬蓬勃勃的满树鲜花？

然而，春雨打落春花的一刹那，你的心是否也随之惆怅，像满地凋落的春花？

其实，春花的盛开与凋谢都是造物赋予的，花开也平静，花落也寻常。

所以，你的心又何必随之地起起伏伏呢？

人生的幕布

都说人生是一场戏，而戏台的幕布何时拉开，怎么拉开是最重要的。

在幕布拉开之前，每个人都要做足充分的准备。你看，那戏演得好的人，都是上台之前准备最充分的人。

不过，既便戏演得不好也不要担心。幕间休息时好好调整一下自己，上场后，又是一个精神百倍的你。

就算演砸了现在的这场戏，不妨把幕布拉上再重来，在人生的戏台里，没有人会给努力的人喝倒彩。

都说人生是一场戏，而戏台的幕布何时拉开，怎么拉开是最重要的。在人生的戏台里，没有人会给努力的人喝倒彩。

询 问

每当出现一些问题，我们常常要询问不同的人。这时候，我们总希望回答问题的人是耐心的、细致的、善解人意的。

然而，当我们被询问的时候，我们能做到耐心、细致和善解人意吗？

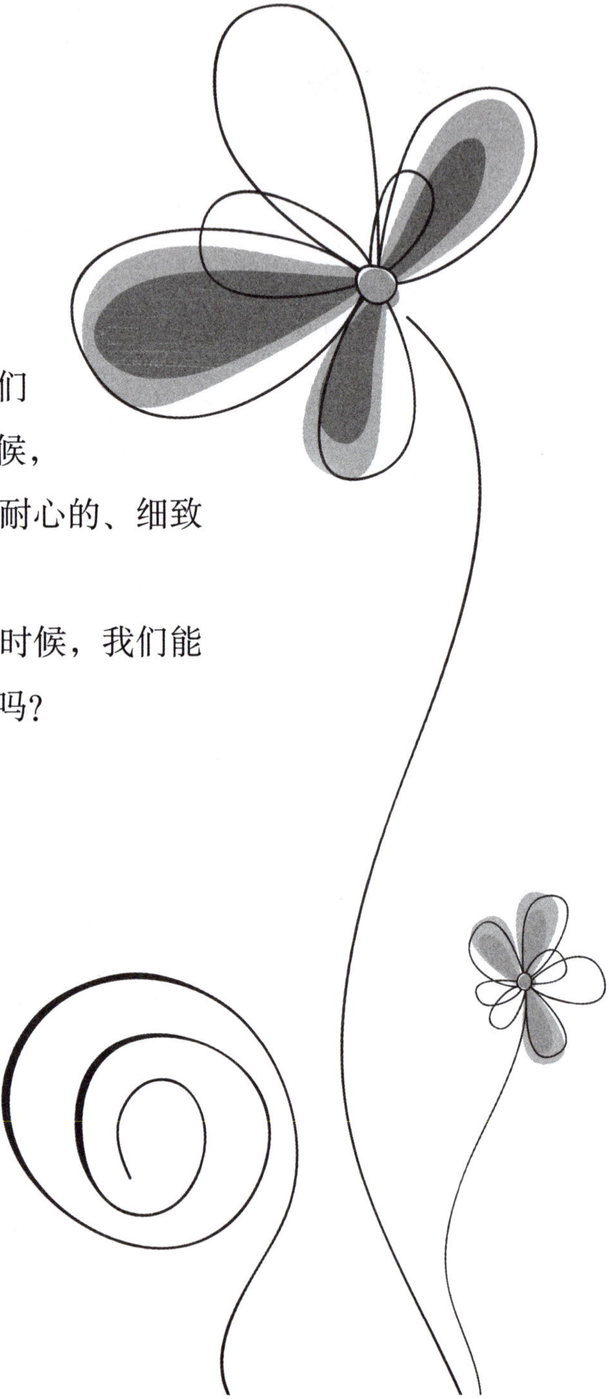

当我们被询问的时候，我们能做到耐心、细致和善解人意吗？

随遇而安

牵牛花被小女孩摘下以后，它一如既往地怒放着，尽管生命短暂，但它会美丽到最后一刻。

蒲公英的种子被风吹到湖畔，它就把家安在湖畔；被风吹到山冈，它就把家安到山冈。

猫咪每换一次主人，它都会在新家找到自己的避难所，然后想办法和新主人建立信任。

如果我们的境遇发生什么改变，我们能像这柔弱的生命一样平静吗？我们会不会恐慌、紧张、抱怨，甚至迷失方向？

有时候不妨扪心自问，我们有没有能力做到随遇而安呢？

骑 车

骑车的时候，有时是不是感觉很枯燥？如果再遇上堵车，心情就会更糟。但有时候情况却完全不同，感觉枯燥的时候心里想着一件趣事，堵车的时候哼一首好听的歌。于是这重复了几百次上千次的路途因为每次心里想的事、唱的歌不同，而变得愉快起来。

人这一生的路有时也是枯燥的。所以需要你经常在心里想一些有趣的事，在困难的时候唱一曲好听的歌。

Part 5 第五部分

心灵运动场

我是体育委员颜雪，
你的心灵可以在这块
宝地自由运动。
给你一个空间把心里
的话都写出来吧！

懒得说话

有时候张一张嘴，却发现自己懒得发出声音。还有些时候发现自己懒得去动一动，甚至懒得思考。但你清楚地知道，自己并不是一个懒惰的人。

为什么不能原谅自己偶尔的懒惰呢？给思想一个空间，给心灵一个空间，让它们小憩一会儿。

给思想一个空间，
给心灵一个空间，
让它们小憩一会儿。

生活变好了

没有谁会否认，我们的生活在一天天变好。可生活变好了之后的我们，是不是该想些别的了？

不是去想怎么赚更多的钱，而是要想想那些不能上学的孩子或是同龄人。

不是去想怎么躲避父母的唠叨，而是要想想那些无依无靠的老人。

不是去想怎么讨异性的喜欢，而是要想想那些没有生活能力的人。

生活变好了，该想的事更多了。

秋天的树林

秋天，你漫步在秋叶飘零的树林里，会发现每一棵树都那么的类似：黄色的、褐色的叶子，沧桑的树干，树叶稀疏的枝桠。就连树叶掉下来的姿势，都是一样的。就像商业街上的人，都带着同样的表情，就连脸上的笑，都是一样的。

然而，树林里的每一棵树都有自己不同的年轮，就像商业街上的每一个人，都有不同的性格。

童话般的冒险

你是不是喜欢冒险呢？可能你偶尔会爬上一座没有人烟的山，去看看山洞里是否藏着些什么，或是看看自己能不能跳下几米高的小沟，或是爬上参天的大树。

我想说，你这都是童话般的冒险，你就是长鼻子的匹诺曹。

喜欢冒险的你在生活中遇到困难时，却往往选择逃避，希望能永远躲在自己的童话王国里。你什么时候才能长大些，不再进行这童话般的冒险，而去认认真真地解决生活中的每一道难题？

漆黑的夜

漆黑的夜在你的心里，也许是神秘美丽的，也许是幽暗恐怖的。

走在漆黑的夜里的你，如果细数天上眨眼的星星，看月宫里聪明的玉兔，定会觉得这夜晚是神秘美丽的。

走在漆黑的夜里的你，如果想着鬼魂幽灵，看着树林里的暗影憧憧，定会觉得这夜晚是幽暗恐怖的。

漆黑的夜到底是怎样的，答案就在你的心里。

图 腾

每一个民族都有自己的图腾，每一个国家都有自己的图腾，我们心里也有自己的图腾。

它或者是亲朋好友的样貌，或者是一幅灿烂的图画，或者是一段不能抹去的记忆。

心里有图腾的人，是幸福的。

我们所能做到的，就是让这神圣的图腾永远地保留下来。

我们心里也有自己的图腾。

它或者是亲朋好友的样貌，或者是一幅灿烂的图画，或者是一段不能抹去的记忆。

无聊的时候

谁都会有无聊的时候，那是一段不知该如何打发的时光。反反复复地调换电视频道，漫不经心地翻弄着漫画书，一边嗑瓜子一边听音乐，拿起电话又不知道该打给谁。该怎么打发无聊的时光，成了你要思考的问题。

无聊的时候越来越多，说明你的心灵越来越空虚。洗几件衣服，收拾凌乱的房间，看两本有意义的传记，帮朋友做件力所能及的事——把心填满，无聊的时光就被你从心里挤走了。

谁都会有无聊的时候，洗几件衣服，收拾凌乱的房间，看两本有意义的传记，帮朋友做件力所能及的事——把心填满，无聊的时光就被你从心里挤走了。

门外的声音

在城市的楼群里居住的人，不喜欢门外有任何陌生的声音，哪怕是邻居在小声说话。在乡村的小木屋里生活的人，喜欢门外任何陌生的声音，哪怕是一声鸡叫，一声狗吠。

听到的声音太多了，人们喜欢安静；听到的声音太少了，人们喜欢热闹。

门外的声音是悦耳还是嘈杂，因人们的心境而改变。

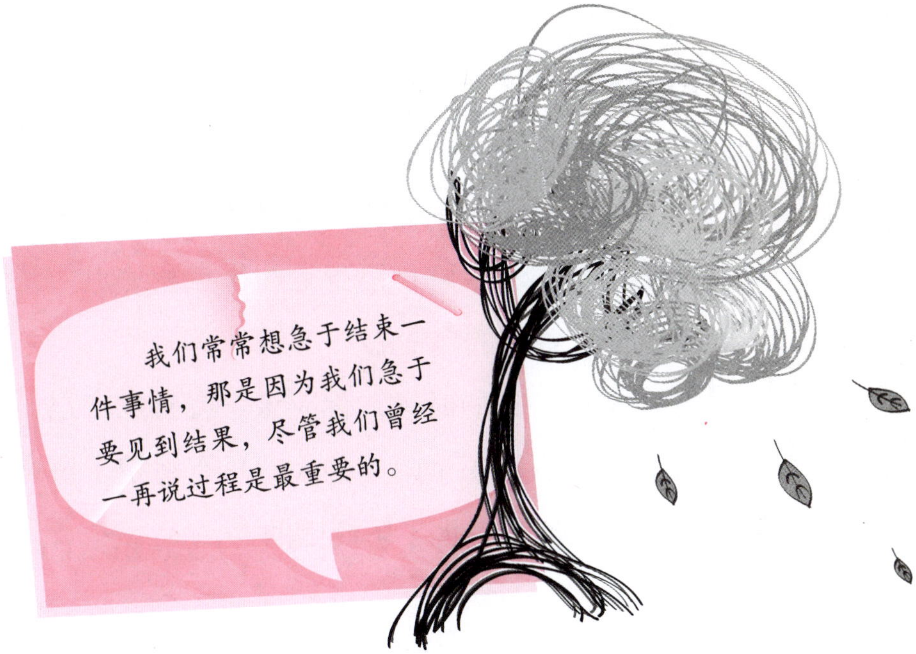

急于结束

我们常常想急于结束一件事情，那是因为我们急于要见到结果，尽管我们曾经一再说过程是最重要的。

然而结束之后，我们并不知道下一个目标是什么，急于结束，造成了我们的茫然。

其实，日子是一天一天过的，事情也是一点一滴累积起来的。只是我们的心不知道这个道理，急着想找一个不是归宿的归宿。

镜子里的陌生人

你有时候会不会觉得自己像一个陌生人？你是不是根本不了解自己身上的优点和缺点，并因此而少了些许的自信心？

独自一人的时候，你应该学会感觉自己，认真审视镜子里那个陌生的人。只有清楚了解自己的人，才能清楚地了解周围的人。

> 独自一人的时候，你应该学会感觉自己，审视镜子里那个陌生的人。

强大的和弱小的

和正在酣睡的猫咪在一起，
你觉得自己是强大的，
保护着这个弱小的东西。
而和父母在一起，
你又会觉得自己是弱小的，
每天蜷缩在安乐窝里。

我想变成一只宠物

看着林荫道上旁若无人的狗狗
和邻居家爱打盹的猫猫
我也想
变成一只讨人喜欢的宠物
但我不能放弃的是
我那还没有完全发育的思想

他转学了

他转学了
去了要换三次车
才能到达的地方
我依然记得他的样子
而他早就忘了
回母校的路

伞

树叶是小鸟的伞
屋檐是小猫的伞
云朵是月亮的伞
爸爸妈妈
是我的伞

命运

果实的命运是由它生长的地方决定的
宠物的命运是由收养它的主人决定的
人的命运是由自己决定的
那么，我们的报考志愿书
为什么是老师和家长决定的呢

很 多 人

有很多人想逃离这课堂
而有很多人在教室外张望
有很多人抱怨学习太紧张
而有很多人把上课当理想
有很多人被父母的憧憬压断翅膀
而有很多人只能在梦中遥望知识的海洋

等 待

花朵等待露水
小鸟等待阳光
妈妈等待我长大
我等待隔壁班那个男生
和我说第一句话

芭比娃娃也有眼泪

从不相信芭比娃娃也有眼泪
因为她有蓝色的眼睛、修长的腿
她的长发也很美
有一天芭比娃娃落了泪
因为妈妈不再喜欢她和这个家
可永远不会有人知道
我就是那个伤心的芭比娃娃

天桥女孩

老奶奶在天桥上乘凉
小宝宝在天桥上数车辆
小贩们在天桥上叫卖
清洁工人在天桥上奔忙
只有我在天桥上
向不知姓名的你张望

孤独也是美丽的

春天的第一朵花是美丽的
蓝天上仅有的那朵云彩也是美丽的
田野上那棵独立的树是美丽的
荒漠上那道炊烟也是美丽的
海面上的孤帆是美丽的
夜空中寂寞的月亮也是美丽的
繁华是美丽的
孤独也是美丽的

种子的话

曾经想做一朵草原上的花
湮没在花的海洋里
为春风呐喊
为骄阳鼓掌
我最终被吹落在沙漠
成了春天孤独的使者
向狂风示威
向骄阳怒吼
原来种子也可以有
另一种绚烂生活

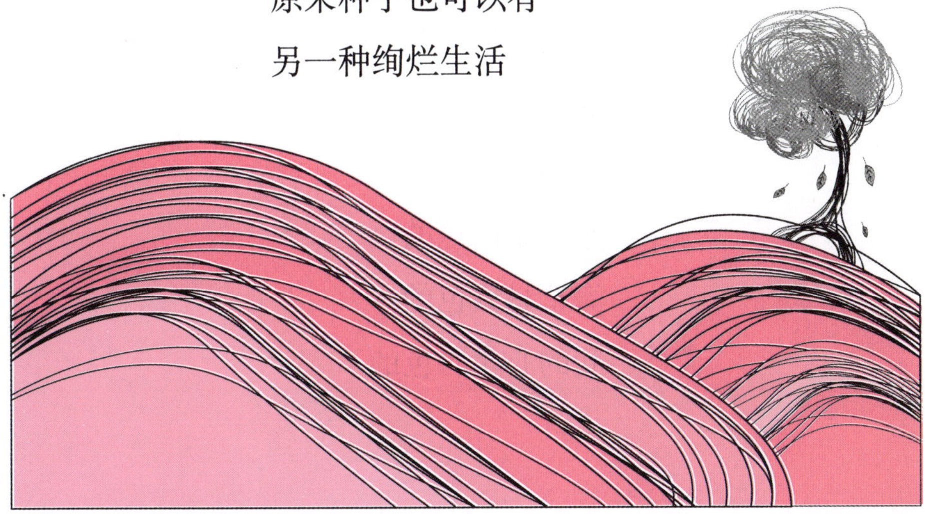

海的女儿

海水是蓝色的
海带是绿色的
珊瑚是红色的
水母是白色的
海草是紫色的
我的心是彩色的